AF259887
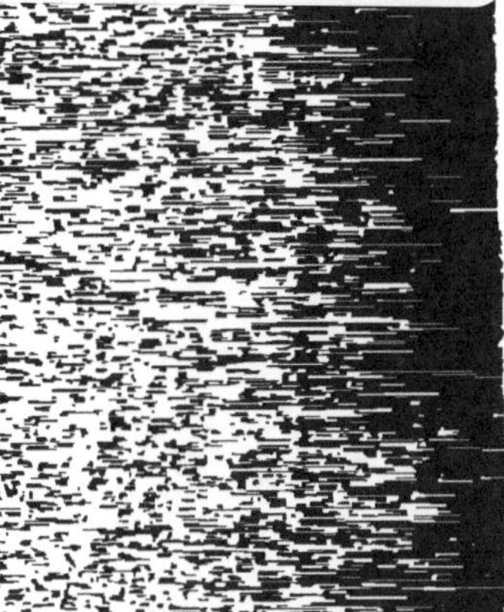
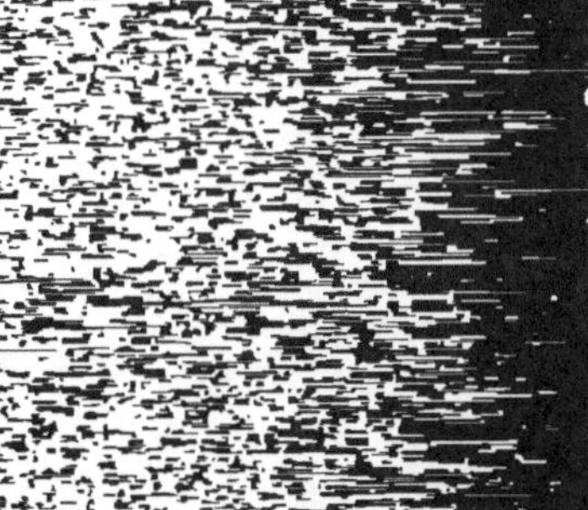
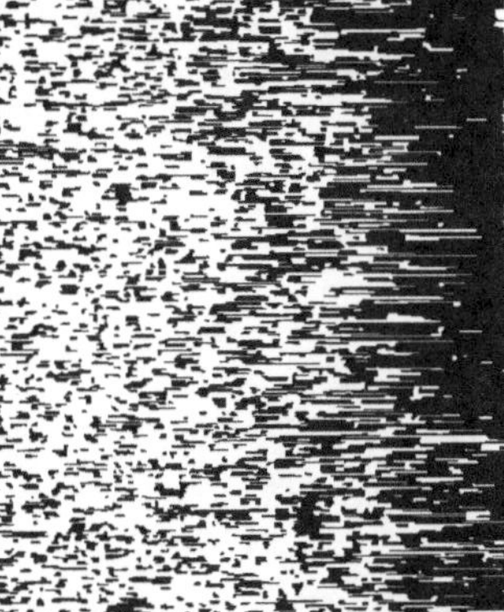
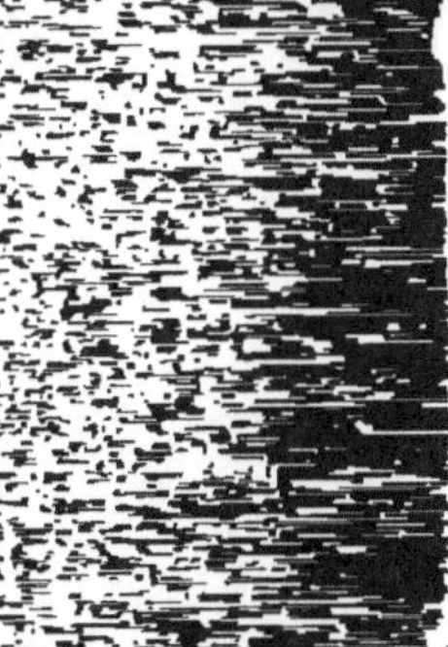

MARJO ; pour la
Victor Jeanvrot
Cf La Famille, p.
Z. 8779

Jeanne Darc, d'après la statue d'Eugène Paul,
inaugurée à Domremy en 1856.

JEANNE DARC

—

SA VIE, SON PROCÈS, SA MORT.

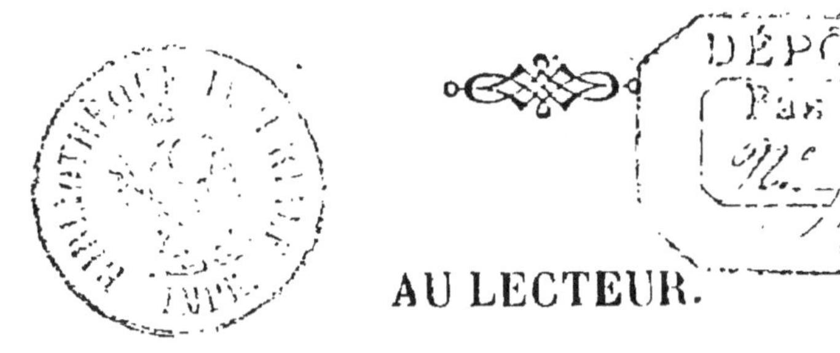

AU LECTEUR.

Ce livre n'est pas une histoire complète de Jeanne Darc. Nous avons voulu seulement tracer en quelques lignes une rapide esquisse de cette vie si merveilleuse.

Notre travail est un résumé aussi complet que possible des principaux ouvrages qui ont paru jusqu'aujourd'hui sur ce sujet. Nous avons consulté surtout MM. Michelet, Henri Martin, Lamartine, Wallon, Quicherat et Frédéric Lock, et nous n'avons pas même hésité à reproduire des passages entiers des œuvres de ces écrivains.

Ce n'est pas pour les savants que nous écrivons ce livre, mais pour les gens du monde, pour ceux qui, n'ayant pas le temps de compulser de nombreux ouvrages, veulent cependant connaître la vie de cette femme héroïque dont le nom devrait être gravé dans le cœur de tous les Français.

. . . .

Jeanne Darc représente à la fois le Tiers-État sauvant la patrie, et la libre pensée écrasant le dogme par la logique, la bonne foi et la raison.

Jeanne Darc.

(FRAGMENT).

—

A ERNEST MORIN.

—

Oh ! qu'ils étaient amers ces longs jours de souffrance,
Ton astre pâlissait chevaleresque France,
L'ennemi commandait dans la patrie en pleurs ;
Et Charles-Sept, ce roi sans cœur et sans courage,
De l'amour subissant un honteux vasselage
Pour Agnès oubliait le peuple et ses douleurs.

Pour Agnès il laissait démembrer son royaume,
Il laissait sommeiller la cuirasse et le heaume,
L'épée au dur tranchant dormait à ses côtés ;
Et vidant sans remords la coupe de l'ivresse
Il restait insensible aux longs cris de détresse
A son château royal, par les vents apportés.

Dans les gais carrousels et les brillantes fêtes,
Il oubliait sa honte ainsi que nos défaites,
Successeur du grand Charle et du pieux Loys,
Il aimait ! Quand ses fiers et vaillants capitaines
Mourant pour conquérir des palmes incertaines
Cherchaient à relever encor les fleurs de lys.

Il aimait ! mais non pas de cet amour étrange
Qui d'une Madeleine en pleurs sait faire un ange
Et d'un homme peureux un vainqueur triomphant ;
Non, son amour était une flamme qui tue...
Nouveau Pygmalion pour une autre statue
Il consumait son cœur en un feu dissolvant.

Et cette Agnès Sorel que l'on nous peint si belle,
Pourquoi loin des combats, ainsi l'enchaînait-elle ?
Pourquoi le gardait-elle en son coquet boudoir ?
Etait-elle vraiment une amante loyale,
Celle qui se parant de la pourpre royale
Laissait ainsi le roi perdre tout son pouvoir ?

Non, tous les deux étaient traîtres à la patrie,
Leur mémoire doit être également flétrie,
Tous deux ont mérité le mépris des Français!
Qu'on efface partout leur coupable effigie;
Ne se livraient-ils pas aux plaisirs de l'orgie?
Quand les anglais joyeux célébraient leurs succès.

Oui chaque jour pendant que Lahire et Xaintrailles
Et Dunois et Boukam, ces géants des batailles,
Présentaient leur poitrine aux coups de l'ennemi ;
Quand la mort sur les siens s'abattait sans relâche,
Quand celui qui fuyait était doublement lâche,
Sur le sein de Sorel Charle était endormi !

Et le mal empirait et l'anglais plein de haine
Du rang des nations, pensée impie et vaine,
Croyait pouvoir rayer notre noble pays ;
Il disait : « C'en est fait de son orgueil superbe
Bientôt le voyageur pourra voir croître l'herbe
A la place où naguère encor brillait Paris. »

Mais Dieu veillait sur nous, Dieu protège la France!
Elle sonnait enfin l'heure de délivrance,
La coupe au flot amer trop pleine débordait ;
Elle approchait la fin de l'ère expiatrice
La France allait avoir une libératrice,
Et l'Anglais à son tour allait être défait.

Elle parut enfin la vierge forte et sainte !
D'une auréole d'or sa figure était ceinte,
L'amour de la patrie enflammait son grand cœur ;
Et voyant la douleur s'abattre sur ses frères,
Elle voulait calmer leurs poignantes misères,
Et rendre à son pays et la gloire et l'honneur.

Quand elle s'avança, qu'elle était belle et pure ;
Sur son cou blanc flottait sa blonde chevelure,
Un feu divin semblait illuminer ses yeux ;
Son front qu'on aurait dit taillé dans du carrare,
Ainsi que dans la nuit au loin s'allume un phare
S'éclairait par moments d'un éclat belliqueux.

Mais qu'était-elle donc cette sublime fille ?
Sans doute elle sortait d'une noble famille ?
Elle avait eu, peut-être, un trône pour berceau ?
Non ! c'était une simple et douce jouvencelle...
Mais qu'importe le rang alors que l'âme est belle,
Et que sur votre front Dieu dessina son sceau.

Oui, celle qui chassa la cohorte étrangère,
Celle qui nous sauva, c'était une bergère.
La houlette, voilà son sceptre redouté ;
La sainte loi, voilà son épée invincible,
Le courage, voilà sa force irrésistible,
La France enfin, voilà son pouvoir enchanté.

Ah ! pourquoi donc mes vers ne sont-ils pas sublimes,
Que ne peuvent-ils donc, vers les plus hautes cîmes,
Voler, pour t'élever un hommage éternel !...
Mes rimes passeront, mais non pas la mémoire,
Plus pure, chaque jour, rayonnera la gloire,
Jeanne Darc, Jeanne Darc, ton nom est immortel !

. . . .

1866.   PAUL THOUZERY.

JEANNE DARC.

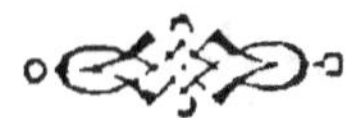

I.

QUELLE ÉTAIT LA SITUATION DE LA FRANCE.

Au commencement du règne de Charles VII, la France épuisée par de nombreuses guerres, déchirée par les discordes civiles, envahie aux trois quarts par les Anglais victorieux, était menacée d'une ruine inévitable.

La royauté, tombée des mains d'un insensé dans celle d'un roi impur, livré aux plaisirs et à la débauche, n'était plus capable de relever la nation de cette terrible chute. Le sceptre de Charlemagne et de Philippe-Auguste n'était plus guère qu'un objet de dédain. Le roi de France avait livré son royaume, la reine de France avait vendu sa fille et l'héritage de son fils aux Anglais.

Quant à la noblesse, elle avait perdu tout son prestige par des défaites successives, à Crécy, à Poitiers, à Azincourt. Le temps de la chevalerie commençait à se passer, et les nobles ne se distingueront bientôt plus que par des avantures de boudoirs et de galanterie. Les premiers de la noblesse de France faisaient d'ailleurs cortège aux Anglais.

Au moins le cœur de la nation battait-il encore ? Le peuple avait-il ce patriotisme qui a rendu la France si forte et qui a sauvé tant de fois la patrie ? le peuple ne savait et ne pouvait que souffrir ! l'état de misère et de décrépitude dans lequel étaient plongées les populations des villes, et surtout celles des campagnes, était affreux. On voyait marcher çà et là dans les champs, des squelettes ambulants, des paysans accablés sous le poids des impôts, des dîmes, des corvées, épuisés par les tyrannies et les vexations d'une armée ennemie et en butte aux cruautés d'une soldatesque dévergondée.

« Le peuple des campagnes, dit Henri Martin, compté pour rien dans la société politique, et toujours opprimé dans les

temps les plus calmes, n'est plus maintenant courbé sous la main de ses maîtres,
mais écrasé sous les pieds de mille tyrans
mercenaires. Il n'est plus baigné dans sa
sueur, mais broyé dans son sang, ravalé
au-dessous des brutes des forêts, parmi
lesquelles il va, effaré, mutilé, chercher
de sauvages asiles. C'est là la misère des
misères, le fond du puits de l'abime où
aboutissent tous ces cercles de désolation. »

Qui donc, au milieu de la désolation et
de la corruption générale, allait délivrer
la France! Qui allait arracher la nation des
mains rapaces des Anglais? C'en est fait de
notre belle patrie, elle est envahie par des
armées victorieuses, le roi de France n'est
plus déjà que le roi de Bourges, la natio-
nalité Française a péri pour jamais...

Cependant il en devait en être autrement;
un sauveur était réservé à la France, et le
grand capitaine qui allait accomplir de
tels prodiges n'était ni un Hercule, ni un
César, ni un Alexandre... Ce devait être
précisément une enfant de ce peuple si misérable et si opprimé, une pauvre fille de
vingt ans, une gardeuse de troupeaux : ce
sera Jeanne Darc.

II.

L'ENFANCE DE JEANNE.

Dans un agréable vallon baigné par la Meuse, près des marches de Lorraine, se trouvait une ville nommée Vaucouleurs, fortement attachée à la France. A quelques lieues de là, en remontant la Meuse, on rencontre un petit bois, appelé le bois Chenu, sur la lisière duquel se trouve un humble village nommé Domremy *(Dominus remigius)* qui avait appartenu à l'abbaye de Saint-Remy de Reims.

Le 6 janvier 1412, dans une chaumière de ce hameau, Isabeau Romée, femme d'un pauvre laboureur du nom de Jacques Darc, mettait au monde une fille qui devait être l'aînée de six enfants. Elle avait rêvé qu'elle enfantait la foudre ; la nuit les coqs chantèrent et tout le village en fut réveillé. A cette époque, c'était l'usage de donner aux enfants plusieurs marraines : la petite fille en eut huit dont l'une lui donna le nom de Jeanne. Jeanne Darc était donc née dans la plus infime condition, puisqu'elle et ses parents étaient serfs de l'abbaye de Saint-Remy de Reims. Ses parents, outre leur petite maisonnette, située près de l'église de Domremy, possédaient un champ voisin qu'ils cultivaient et qui était leur unique ressource.

Dès sa plus tendre enfance, Jeanne se distinguait parmi les jeunes filles de son âge par sa réserve et sa gravité ; elle ne reçut aucune éducation, car alors l'instruction n'était pas répandue dans les campagnes comme elle l'est aujourd'hui, et les grandes villes seules possédaient de rares écoles. Jeanne n'apprit donc ni à lire ni à écrire ; sa mère se contenta de lui faire réciter quelques prières usuelles. Elle manifestait d'ailleurs une grande piété et fréquentait assidument l'église.

Chérie et aimée de tout le village, à cause de sa douceur et de sa charité inépuisables, elle ne dédaignait pas les jeux de ses compagnes. Chaque année, le quatrième dimanche de carême, elle se réunissait à elles pour célébrer par des danses et des jeux la *Fête des Fées*.

La féconde imagination des peuples de l'antiquité avait animé toutes les productions de la nature : nos pères croyaient que les plantes, les arbres, les fleurs, les bois, étaient hantés par des fées ou des esprits qui, à certains jours, à des heures déterminées, à minuit le plus souvent, devenaient visibles et apparaissaient aux mortels tantôt gais et joyeux pour les consoler et les ranimer, tantôt sombres et menaçants pour jeter la malédiction ou de mauvais sorts sur ceux qui avaient commis quelque faute. Ces croyances furent vivaces pendant tout le moyen-âge. A Domremy, il y avait un arbre antique, un vieux chêne, qui étendait au loin ses rameaux décharnés. Souvent, la nuit, les fées venaient danser et folâtrer sous ses branches épaisses, et on l'appelait pour cette raison l'arbre des fées. C'est sous ce chêne séculaire que le jour de la Fête des Fées les jeunes filles et les jeunes gens du village venaient danser en rond et tresser des couronnes de fleurs que l'on suspendait aux branches en leur honneur. Jeanne était de toutes ces fêtes, mais ne se livrait aux plaisirs qu'avec modération et réserve.

Ces réunions innocentes, quand tout le reste de la France était ensanglanté, montrent assez de quelle douce tranquillité jouissait le village de Domremy. C'était comme une paisible oasis au milieu d'un désert ravagé par l'orage. Au milieu de ce calme l'âme si sensible de Jeanne Darc s'était portée vers la rêverie. Souvent on la trouvait seule, à l'écart, méditant dans le silence de la solitude. Elle semblait alors

plongée dans une contemplation muette de
la nature. Elle aimait à respirer les senteurs
parfumées des champs et à admirer Dieu
dans les œuvres sublimes de la création.
Parfois on la surprenait assise au pied d'un
arbre suivant mélancoliquement des yeux
la marche légère et vaporeuse des nuages
ou contemplant des heures entières la cî-
me des arbres mollement ondulée par le
vent. C'est dans ces rêveries de jeune fille,
dans ces naïves admirations que se passè-
rent ses premières années.

Jugez du trouble, de la pertubation violente qui dut se faire dans cette âme si
impressionnable, aussi pure et aussi tran-
quille que la surface azurée d'un beau lac,
quand on apprit tout à coup l'approche des
Anglais. La terreur se répand dans tout le
village. Ces campagnes jadis si paisibles
sont envahies par des bandes de brigands ;
la plupart des habitants s'enfuient effrayés,
les chaumières sont ravagées, la désolation
est générale. Une réaction se fit alors dans
l'âme de Jeanne. Cette jeune fille, si frêle,
si timide, si tendre, qui jusque là n'avait
éprouvé d'autre sentiment que ceux d'une
ardente charité, que l'amour de Dieu et du
prochain, fut animée tout à coup d'une profonde indignation pour les Anglais, en même temps qu'un sentiment nouveau s'éveil-

lait dans son cœur. Ce sentiment qui devait bientôt envahir son âme tout entière, c'était l'amour de la Patrie, et cet amour ardent, passionné, inspirera à Jeanne Darc les plus héroïques exploits et fera de cette pauvre bergère une martyre.

Les légendes et les récits populaires dont on avait entretenu son enfance avait contribué à nourrir peu à peu ce sentiment dont l'arrivée des ennemis venait de déterminer l'éclosion. Un grand nombre de prophéties et de prédictions circulaient parmi le peuple des campagnes. Merlin, le grand oracle du moyen-âge, avait annoncé dans ses prophéties — et Jeanne Darc l'avait entendu raconter souvent le soir à la veillée — que les maisons du soleil seraient bouleversées, que les douze signes du Zodiaque entreraient en guerre, et que « la Vierge descendrait sur le dos du Sagittaire » du tireur d'arc. Le peuple en concluait qu'une « pucelle » mettrait en déroute les « hommes armés de l'arc » c'est-à-dire les Anglais. Une autre tradition disait que « la pucelle douée par les fées » viendrait d'entre les « chênes du bois Chenu » et que ce bois était situé « vers les marches de Lorraine ».

D'un autre côté, au mois d'avril 1429, le frère Richard cordelier attira tout Paris par

des prédications singulières dans lesquelles il annonçait « qu'en l'an trentième (1430)
on verrait les plus grandes merveilles qu'on
ait jamais vues. » *(Journal d'un Bourgeois
de Paris)*

Vers cette même époque, une jeune fille
nommée Marie d'Avignon va trouver Charles VII et lui dit que des esprits lui sont
apparus, qu'ils lui ont parlé des malheurs
qui frappaient le royaume de France, qu'elle a vu des armes qui lui étaient offertes,
et qu'étant effrayée, les esprits l'ont rassu-
rée en disant que ces armes n'étaient pas
pour elle, mais pour une jeune fille qui
délivrerait bientôt le royaume de France de
ses ennemis (Henri MARTIN — *Jeanne Darc,*
page 15.)

Enfin le bruit courait que comme c'était
le crime d'une femme, de sang royal, indigne reine de France, Isabeau de Bavière,
qui avait attiré sur le royaume tous ces
malheurs, ce serait aussi une femme, mais
une femme sortie du sein du peuple qui
délivrerait la France.

Tous ces récits, ces légendes, ces croyances fermentaient, bouillonnaient dans son
âme et produisaient sur elle une profonde
impression.

III.

LES VOIX.

Un beau jour d'été, Jeanne se promenait rêveuse dans le jardin paternel, en plein midi, exposée aux ardents rayons d'un soleil brulant, et songeant sans doute aux malheurs qui pesaient sur la France, lorsque tout à coup elle aperçut une clarté éblouissante du sein de laquelle sortit une voix très douce qui lui dit ces mots : « Jeanne, la pucelle, fille de Dieu, sois bonne et sage, mets ta confiance au Seigneur ! Jeanne, il faut que tu ailles en France ! » La jeune fille ne voyant personne cherche à plonger ses regards dans la traînée lumineuse, d'où était venue la voix, mais tout avait déjà disparu et elle demeure saisie d'une grande frayeur Le lendemain, les jours suivants, cette voix se fit encore entendre.

Un jour elle vit un être inconnu entouré d'une auréole lumineuse. «Je le vis, dit-elle plus tard à ses juges, aussi bien que je vous vois. » Ce personnage lui dit qu'il était St-Michel, ce dont « elle fit d'abord grand doute », mais elle reconnut bientôt qu'il

avait les paroles et le langage des anges.
« Jeanne, lui dit l'apparition, va au secours
du roi de France, et tu lui rendras son
royaume ». « Messire, répondit-elle effrayée,
je ne suis qu'une pauvre fille ; je ne saurais
chevaucher ni conduire des hommes d'armes » — « Va, continua le saint, trouver M. de
Baudricourt, capitaine de Vaucouleurs, il
te fera mener au roi. Sainte Catherine et
Sainte Marguerite te viendront en aide. »
Elles vinrent en effet et pendant l'espace
de cinq années, elles communiquèrent souvent avec Jeanne Darc, l'entretenant sans
cesse dans de délicieuses causeries « de la
pitié qui était au royaume de France » et
lui répétant toujours ces mots: « va en
France ! va en France ! » enfin, après cinq
années d'incertitudes, d'hésitations, Jeanne
finit par céder aux sollicitations de plus en
plus pressantes de ses voix. Elle parla de
son projet à ses parents, ceux-ci effrayés
de cette révélation s'opposèrent vivement
au départ de leur fille. Ils voyaient avec
peine ces entretiens avec les esprits?
« toute relation avec les esprits était
suspecte, à une époque surtout où la cré-
dulité superstitieuse attribuait tant de cho-
ses aux mauvais esprits, et où l'exorcisme
et le bûcher punissaient du feu tout com-
merce avec le monde invisible. » (Lamartine,

œuvres complètes. tome 35, page 137 — *Jeanne Darc*.) Un rêve, dans lequel il avait vu sa fille s'en aller avec les gens d'armes, augmenta encore la défiance de son père. Dans un moment d'indignation, au souvenir de ce rêve, il dit même à son fils aîné : « si je savais que votre sœur dût partir, je voudrais que vous la noyassiez, et si vous ne le faisiez, je la noierais moi-même ». Pour ne pas en être réduit à cette extrémité et pour éviter ce qu'il croyait un malheur, il essaya de marier sa fille. Un jeune homme de Domremy avait demandé la main de Jeanne et on ne lui avait pas positivement refusée. Avec l'autorisation de ses parents, il l'accusa de lui avoir promis le mariage, et la cita devant l'officialité de Toul. On croyait qu'elle n'oserait comparaître devant un tribunal surtout pour un tel sujet et qu'elle se laisserait condamner par défaut. Mais Jeanne avait un appui : elle « demanda conseil à ses voix », celles-ci lui assurèrent qu'elle gagnerait son procès. Forte de cette promesse, elle paraît devant les juges, leur jure qu'elle n'a rien promis et le jeune homme fut contraint de se désister de sa demande.

Mais ses voix la pressaient de partir avec plus d'instance que jamais. « Hâte-toi ! hâte-toi ! » lui disaient-elles, « va à Vaucouleurs, vers Robert de Baudricourt! Par deux fois il te rebutera ; à la troisième. il t'écoutera et te donnera des gens d'armes pour te conduire au Dauphin ».

IV.

Le départ.

Jeanne obtint alors d'aller passer quelque temps chez son oncle Laxart qui demeurait dans un bourg voisin. Quand elle fut prête à partir, elle songea qu'elle abandonnait peut-être pour toujours ces lieux chéris où s'était passée son enfance, qu'elle ne reverrait peut-être plus ce clocher bien-aimé, la maison paternelle. ces champs, ces bois, où elle avait été si souvent converser avec ses douces voix. Avant son départ, elle embrassa tendrement ses compagnes, et elle se retira aussitôt de leur présence, car elle avait le cœur gros et elle avait peine à retenir les larmes qui gonflaient sa poitrine. Enfin elle partit chéz son oncle.... Elle lui raconta tout ce qui s'était passé, le convainquit de sa mission et le détermina à en parler à Baudricourt. Celui-ci n'accueillit l'oncle de Jeanne qu'avec des railleries et lui conseilla de renvoyer sa nièce à ses parents avec une bonne paire de soufflets. Quand elle apprit la déception de son oncle, Jeanne ne se déconcerta pas. Elle alla elle-même trouver Baudricourt et lui exposa sa mission. Le sceptique guerrier la renvoya en la traitant de folle et d'illuminée.

Malgré cette dure réception, Jeanne ne désespéra pas encore et elle s'établit à Vaucouleurs chez des gens qu'elle connaissait. Sa douceur et sa bonté ne tardèrent pas à lui attirer la sympathie de toute la population. Le bruit de ses visions se répandit partout. Baudricourt fut sur le point de céder à l'enthousiasme universel qui se manifestait en faveur de Jeanne; mais il craignait que tout cela ne fut l'œuvre du diable. Il fit venir le curé pour interroger la jeune illuminée. Celui-ci lui jeta de l'eau bénite sur le corps, et ordonna au diable de sortir. Mais le diable — comme on le pense bien — ne donna pas signe de vie, et le curé reconnut qu'elle était bonne catholique. Baudricourt rassuré consentit à l'écouter, se laissa persuader et lui promit de l'envoyer vers le roi avec un message.

Les parents de Jeanne apprirent bientôt

avec douleur la résolution de leur fille : ils lui écrivirent à Vaucouleurs pour lui ordonner de revenir Elle leur répondit de lui pardonner, leur disant qu'elle souffrait beaucoup aussi de son côté d'être contrainte d'abandonner une famille chérie, mais qu'elle avait à choisir entre la volonté de ses parents et celle de Dieu ! « J'aimerais pourtant mieux rester à filer près de ma pauvre mère, car ce n'est pas là mon ouvrage; mais il faut que j'aille... Messire le veut ! »

Quand elle partit de Vaucouleurs le 24 février 1429 pour aller à Chinon trouver le roi, les habitants pleins d'admiration pour le sublime dévouement de cette jeune fille l'accompagnèrent en versant des larmes jusqu'aux portes de la ville. Ils avaient fait entre eux une collecte pour lui acheter des habits d'homme, (car elle les préférait à ses vêtements de femme, pour être plus en sûreté contre toute attaque deshonnête) un cheval et une lance.

La route fut longue et difficile ! il fallait parcourir 150 lieues, à travers des pays occupés par les Anglais ou ravagés par le brigandage. Jeanne ne reculant devant aucun danger, ranimait le courage ébranlé de sa petite escorte : « Ne craignez rien, leur disait elle, mes frères de paradis me disent ce que j'ai à faire ». Enfin après avoir surmonté bien des obstacles elle arriva à Chinon, et fit demander audience à Charles VII.

Le roi avait alors 26 ans. Plongé dans les plaisirs de toute sorte, il n'avait pas grand souci de son royaume et devant la ruine qui menaçait la France il ne manifestait qu'une insigne indifférence. Charles VII était entouré de courtisans sceptiques et débauchés qui s'efforcèrent d'éloigner Jeanne Darc. D'ailleurs ils étaient jaloux de voir une femme demander à combattre. — « C'est une folle, disaient les favoris — « c'est une sorcière disaient de leur côté les gens d'église, où a-t-elle pris sa mission ? Quel prélat, quelle autorité ecclésiastique a-t-elle consultés. »

Malgré tous ces conseils hostiles, comme on était dans une situation désespérée et sans aucune ressource, on l'admit. Quand Jeanne fut en présence de toute cette cour railleuse qui lui était ouvertement hostile, elle resta calme et s'avança sans crainte vers Charles VII. Mais celui-ci, pour la tromper lui dit qu'il n'était pas le roi : « le voici, ajouta-t-il, en montrant du doigt un de ses courtisans. — Non, gentil prince, répondit Jeanne, c'est vous et non autre. Je suis envoyée de Dieu pour recouvrer vous et votre royaume de faire guerre aux

Anglais. » Alors le roi l'attira avec lui dans l'embrasure d'une fenêtre et ils eurent un entretien particulier dans lequel elle acheva de le convaincre. L'infâme conduite de sa mère avait fait craindre à Charles VII qu'il ne fut pas le fils de Charles VI ; mais Jeanne le rassura par ces paroles : « Je vous le dis de la part de Messire, que vous êtes vrai héritier de France et fils de roi. » A ces mots Charles fut si ému « qu'on eut dit, raconte Allain Chartier, qu'il venait d'être visité par le St-Esprit même. » Quelques jours après, Jeanne eut encore plusieurs entrevues avec le roi à la suite desquelles elle obtint d'organiser l'armée.

V.

JEANNE DEVANT LES PRÊTRES.

Mais si elle avait réussi à persuader le roi, les gens d'église lui étaient toujours hostiles, et ils avaient une si grande influence à la Cour qu'ils obtinrent de lui faire passer un examen solennel. Elle fut conduite à cet effet à Poitiers et mise en présence d'un tribunal composé de docteurs en théologie, rompus aux luttes de la parole et initiés aux subtilités de la scolastique. La voilà donc obligée, elle ignorante et naïve, de répondre aux questions insidieuses de plusieurs vieux théologiens, impatients de la faire tomber dans un piège, de l'entraîner, de l'enlacer dans les mille replis d'une obscure dialectique. Mais Jeanne, avec l'assurance que donnent la vertu et l'innocence, se présenta sans crainte devant ces ignorants en robe et en bonnet carré. Pendant trois heures elle résista à toutes leurs attaques. A chaque demande elle avait une réponse concluante, à chaque allégation une riposte simple, mais renversante pour ses interrogateurs.

« Si Dieu veut délivrer la France, dit un dominicain, il n'a pas besoin de gens d'armes. — Eh, mon Dieu, les gens d'armes batailleront et Dieu donnera la victoire. » « Quelle langue parlent |vos voix, demanda un carme nommé Séguin, (qui avait gardé l'accent du limousin son pays). — Meilleure que la votre. » — « Croyez-vous en Dieu, reprit-il irrité. — Mieux que vous, répondit-elle. » Dieu ne veux pas qu'on croie à vos paroles, lui dit un autre, si vous ne montrez un signe qui prouve qu'on doit vous croire. — Je ne suis pas venue à Poitiers pour faire des signes ; conduisez-moi à Orléans, et j'y montrerai des signes pourquoi je suis envoyée. Eh mon Dieu, je ferai lever le siége d'Orléans, je ménerai sacrer le Dauphin à Reims, je lui rendrai Paris après son couronnement, et je tirerai le duc d'Orléans d'Angleterre. — A quoi bon une armée si Dieu est avec vous, dit un théologien. — Elle fit alors cette belle réponse : Les hommes combatteront, Dieu donnera la victoire. »

Ebranlés par tant de sagesse et de prudence , les docteurs lui opposent des citations tirées des textes sacrés, des principaux auteurs, en un mot tout l'arsenal de la scolastique. Mais Jeanne sans s'effrayer les réduit au silence par ces sublimes paroles : « Il y a plus dans les livres de Dieu que dans les vôtres. » Alors les théologiens vaincus , décontenancés, éperdus, sont obligés de se rendre et de déclarer qu'ils ne trouvent en elle que « dévotion, honnêteté, simplesse.... » Elle venait encore d'échapper à un piège, mais ses ennemies d'autant plus irrités lui préparaient de nouvelles épreuves. Ils firent courir le bruit que sous une apparence candide et honnête, elle cachait de mauvaises mœurs. Pour s'en assurer, on la fit visiter par des dames de la Cour. Le résultat de ces investigations furent tout en faveur de Jeanne qui fut reconnue chaste et pure ; elle était restée toujours vierge. La haine dut donc céder devant l'évidence.

VI.

L'ARRIVÉE A ORLÉANS.

Jeanne revint à Tours où le roi lui avait fait préparer une armure de guerre qu'elle revêtit. On lui donna aussi une maison, comme aux principaux chefs, c'est à dire un écuyer, deux pages, un chapelain et deux hérauts.

Elle partit alors vers Orléans couverte d'une blanche armure et montée sur un beau cheval blanc. Une petite armée la suivait ayant à sa tête le maréchal de Boussac et Lahire. Elle adressa d'abord aux anglais une lettre dans laquelle elle disait : « Anglais, rendez à la Pucelle ci-envoyée de par Dieu les clefs des villes que vous avez prises et violées en France. »

Ceux-ci ne répondirent que par des injures et firent prisonnier le porteur de la missive.

Je vous laisse deviner quelle joie, quel enthousiasme ce fut dans Orléans, quand on apprit que des renforts arrivaient et qu'une jeune fille envoyée de Dieu approchait de la ville à la tête d'une armée ; les habitants dont le courage était abattu par un siége de six mois, se ranimèrent tout-à-coup attendant avec impatience l'arrivée de cette femme dont on racontait tant de merveilles.

Enfin la petite troupe arriva non loin des bastilles anglaises. Jeanne, d'après l'avis de ses voix, conseilla de suivre la rive droite de la Loire pour entrer dans la ville. Mais les généraux, jaloux de voir une jeune fille leur donner des conseils, firent traverser la Loire et suivre la rive gauche, mais on rencontra bientôt des obstacles imprévus et Dunois avoua alors à Jeanne qu'on l'avait trompée. « Au nom de Dieu, s'écria-t-elle avec indignation, le conseil de notre Seigneur est plus sage et plus sûr que le vôtre. En croyant me décevoir, vous vous êtes déçus vous-mêmes, car je vous amène le meilleur secours qui ait été donné soit à une ville, soit à une troupe : c'est le secours du roi des cieux. » Après quelques difficultés on repassa la Loire et on suivit la rive droite jusqu'au pied des bastilles anglaises. Alors Dunois fit faire par la garnison une fausse attaque pour maintenir les anglais dans leurs retranchements, et la petite troupe put entrer sans encombre dans la ville.

L'entrée de Jeanne Darc à Orléans fut un véritable triomphe. Toute la population se précipitait vers la porte par où elle devait passer, et elle marchait au milieu d'une foule compacte qui célébrait son arrivée par les acclamations les plus enthousiastes. « La foule se pressait avide et joyeuse dans les rues qu'illuminaient des multitudes de torches et de fanaux. — (Frédéric Lock) » C'était une ivresse générale, une fête indescriptible. On l'entourait, on la saluait d'acclamations enthousiastes, on voulait toucher ses vêtements, ses armes, les harnais mêmes de son cheval. Elle, douce et modeste toujours, souriait gracieusement à ce peuple ému, demandait par un geste amical qu'on lui permit d'avancer ; et, d'une voix pleine de douceur, recommandait à tous d'être bons chrétiens et leur promettait que Dieu les allait sauver. »

Jeanne envoya encore deux hérauts aux anglais pour les sommer de quitter la ville ;

mais ceux-ci ne répondirent que par les plus grossières injures, la traitant de ribaude, de vachère, et déclarant qu'ils la brûleraient comme sorcière, si elle tombait entre leurs mains. En entendant ces mots, Jeanne se mit à pleurer de honte : « Vous mentez, s'écria-t-elle indignée, et vous serez tous chassés. »

VII

L'ŒUVRE D'UN GRAND CAPITAINE.

Cependant, le 4 mai, l'attaque des bastilles anglaises fut décidée. On fit reposer les troupes. Jeanne, de son côté, pour réparer sa force se livra aussi au sommeil. Tout-à-coup elle se réveille brusquement, comme au sortir d'un mauvais rêve : « Ah ! mon Dieu ! s'écrie-t-elle, le sang de mes gens coule par terre ! C'est mal fait ! Pourquoi ne m'avoir pas éveillée ? Vite, mes armes, mon cheval ! » Puis s'adressant à à son page : « Ah ! méchant garçon ! vous ne me disiez pas que le sang de France fut répandu ! » Elle monte alors sur son cheval et s'élance dans la mêlée.

C'est que les généraux jaloux, et envieux de la pauvre fille, et craignant qu'elle ne leur ravît l'honneur de la victoire, avaient fait engager le combat sans le prévenir. Il était temps que Jeanne arrivât, car les français repoussés avec perte par les anglais commençaient à faiblir. A la vue de la Pucelle, ils se ranimèrent ; et après un combat long et acharné, la bastille resta au pouvoir des français qui la brûlèrent complètement.

Le surlendemain, un nouveau combat donne aux Français une nouvelle victoire : une seconde bastille est prise et rasée, et les anglais perdent 1,000 hommes et 600 prisonniers. A la vue du carnage et de tous ces cadavres humains, couchés sur la poussière, on raconte que Jeanne se mit à pleurer, attristée de voir tant de sang répandu.

Enfin, le 7 mai, fut livrée la troisième et dernière attaque. Le combat fut encore plus acharné que les précédents. « Ce fut une lutte de géants, dit Henri Martin ; là combattait, avec Glansdale l'élite de l'armée anglaise. » Quant aux Français, ils se ruaient à l'ennemi, « comme s'ils se fussent crus immortels. » A travers les boulets, les flèches, les carreaux, les pierres, les assaillants arrachaient les palissades, comblaient les fossés, gravissaient au plus haut des fortifications, mais pour en retomber aussitôt, renversés par les haches, les piques et les maillets des Anglais.

La lutte durait depuis trois grandes heures. Jeanne s'était tenue jusqu'alors sur la contre-escarpe, exhortant ses gens « à avoir bon cœur et bon espoir en Dieu. » Elle voit les Français mollir et hésiter. Elle se précipite dans le fossé, saisit une échelle et y monte la première ; au même instant un carreau d'arbalète la frappe au-dessus du sein, entre le gorgerin et la cuirasse, et la rejette dans le fossé....

On emmena Jeanne et on la désarma pour panser sa blessure qui était profonde. Quand elle vit couler son sang, le cœur lui faillit et elle pleura. Mais l'émotion provoqua une extase qui lui rendit toute son énergie. Elle arracha de sa propre main le trait de sa plaie, et courut de nouveau dans la mêlée ranimer le courage des soldats.

« A son aspect, un frissonnement d'épouvante parcourut les rangs des Anglais. Les Français revinrent à la charge avec l'impétuosité de l'ouragan ; ils se sentaient enlevés comme par une puissance surhumaine ; ils montèrent « contremont » le boulevard aussi aisément que par les degrés d'un escalier. Un furieux combat « main à main » s'engage sur le parapet. Enfin tout est emporté, et l'ennemi est taillé en pièces. L'étendard de la Pucelle flotte sur la grande redoute.... »

Les anglais étaient en pleine déroute, l'armée anglaise fuyait à travers la campagne entièrement démoralisée.

Ce jour-là une grande victoire venait d'être remportée. La France renaissait de ses cendres et la délivrance de la patrie était commencée. Il est impossible de décrire la joie et l'enthousiasme des orléanais lorsqu'ils virent après un siège de six mois leur ville délivrée par la valeur d'une jeune fille. La cité reconnaissante offrit à Jeanne Darc une récompense considérable pour l'époque, mais qui aujourd'hui nous ferait sourire : ce présent se composait d'une demi-aune d'étoffe, un tonneau de vin, une selle, un bahut couvert en cuir avec des clous de cuivre, et garni de toile à l'intérieur, six chapons, neuf perdrix, douze lapins et un faisan. Il semblerait que la ville voulut monter le ménage de Jeanne Darc, et je me demande ce qu'elle put faire de tout ces dons assez embarrassants pour une jeune fille

La nouvelle de la délivrance d'Orléans et

des exploits de la Pucelle se répandit bientôt dans toute la France et vint ranimer l'ardeur des populations découragées et désolées par les brigandages incessants des Anglais. Ceux-ci de leur côté étaient saisis d'une grande terreur à la seule approche de celle qu'ils considéraient comme une envoyée du diable. « Tout prospérait pour votre cause, écrivait Bedfort, au jeune roi de France Henri VI, — qui devait n'être plus bientôt qu'un roi de France in partibus — jusqu'au siège d'Orléans. Depuis ce temps, votre peuple, assemblé devant Orléans en grand nombre, a reçu un coup violent qui semble être tombé du ciel. Ce choc lui est survenu, à mon avis, de la folle pensée et du déraisonnable effroi qu'a causés sur lui un disciple et limier de l'ennemi (du diable) appelé la Pucelle, qui a usé de faux enchantements et de sorcellerie. »

VIII.

NOUVELLES VICTOIRES.

La mission de Jeanne était commencée, il fallait la continuer. Elle vint donc à Loches où était le roi. Il apprit avec son insou-

ciance habituelle la grande victoire d'Orléans et semblait plutôt vexé que content
de voir une pauvre bergère reconquérir
son royaume pied à pied et donner l'exemple d'un courage magnanime. Quand Jeanne
l'engagea à marcher vers Reims pour le
couronnement, elle trouva toujours chez
lui la même apathie et la même mollesse.
Nous n'avons pas de temps à perdre, lui
disait-elle : « je ne durerai guère qu'un an,
il faut songer à le bien employer. » Aussi
les lenteurs du roi la désespéraient. Elle
s'en plaignait à Dieu dans ses prières et
elle entendait toujours une voix qui lui
lui disait: « Fille de Dieu, va, va, va, je serai à ton aide, va ! » A force de prières et
de sollicitations, elle obtint de continuer à
diriger les armées françaises. On marcha
donc vers Jargeau, l'une des plus fortes
places qui restaient en la possession des
Anglais. La victoire resta aux Français après
un combat terrible. C'était l'une des meil-
leures positions des Anglais qui tombait
entre nos mains. A peu de jours de distan-
ce, la prise de Beaugency et la victoire de
Patay vinrent compléter nos succès. Jeanne
conduisait les armées françaises de victoire
en victoire. L'armée se remit en marche et
se trouva bientôt en face des remparts de
Troyes. C'est dans cette ville, en 1420, qu'a-

vait été signé le honteux traité de Troyes, par lequel la reine de France, indigne de ce nom, l'infâme Isabeau de Bavière, avait livré sa patrie aux anglais et avait fait monter sur le trône français le fils du roi d'Angleterre. Le clergé de cette ville doutait fort de la mission de Jeanne et n'hésitait pas à croire qu'elle ne fut pour le moins possédée du diable. Pour s'en assurer, on lui envoya de la ville un frère cordelier Richard qui, d'aussi loin qu'il l'aperçut, se mit à jeter de l'eau bénite avec force signes de croix. Mais Jeanne lui dit en souriant : « Approchez hardiement, je ne m'envolerai pas. » Le frère convaincu *par cette épreuve*, ne poussa pas plus loin ses investigations et se retira.

◆

IX.

SACRE DE CHARLES VII.

Cependant la ville ne voulut pas se rendre, et il fallut en faire le siège. Jeanne dirigea les opérations avec l'expérience et le sang-froid d'un vieux général, et en une nuit la ville de Troyes tomba au pouvoir des Français. On alla ensuite à Châlons qui ouvrit ses portes et reçut les troupes françaises avec enthousiasme. Enfin le 16 juillet, on arriva à Reims qui ne fit aucune résistance Le sacre de Charles VII eut lieu avec les rites ordinaires. Jeanne, pendant la cérémonie, se tenait debout près du roi. « Elle eut beau s'humilier, embrasser le roi « à genoux par les jambes », lui baiser le pied en pleurant, tandis que la foule admirait cette effusion naïve, Charles, écrasé, aigri par cet amour sublime, la maudissait en lui-même. Les bienfaits imposés sont un fardeau si lourd. » — (*Histoire de France.* Bordier et Charton.)

Il ne faut pas se méprendre sur l'imporce de ce sacre. En principe, pour nous, avec les idées et les mœurs plus saines de notre siècle, il ne signifie rien. Mais pour juger sainement les faits historiques, il faut se reporter à l'époque où ils se passent. Charles VII, il est vrai, était aussi indigne de cet honneur que l'archevêque de le lui conférer ; mais, en fait, une grande question se trouvait tout-à-coup résolue par cette simple cérémonie. Au XVe siècle le roi de Bourges, une fois sacré, devenait le véritable roi de France, le chef unique du royaume, le roi de droit divin. Ce petit prince, ce dépossédé, acquérait dès lors aux yeux du peuple un prestige inouï; alors seulement il devenait : le Roi. Tous devaient lui obéir, sous peine des plus sévères châtiments. Le clergé l'avait consacré, malheur à celui qui eut osé résister ou manquer de respect au représentant de Dieu, à l'homme qui venait d'être institué de par Dieu chef et maître du royaume de France.

Par contre, Henri VI perdait tous ses droits s'il persistait à occuper le territoire français; il devenait aux yeux des populations superstitieuses de cette époque, un mécréant, un impie, un ennemi public. Marcher contre lui c'était faire une guerre sainte, c'était le devoir de tous les sujets. Vous voyez comment par cette seule cérémonie du sacre, la situation était tout-à-coup radicalement changée. C'était le complément logique et naturel des victoires de Jeanne; le royaume était rétablie par ces deux faits : la conquête et le sacre.

◆

X.

L'ÉTOILE COMMENCE A PALIR — CAPTIVITÉ.

La France était donc sauvée, je me trompe, Paris la capitale, la tête de la France, était encore occupée par les ennemis. De Reims il fallait donc marcher vers Paris : c'est ce que voulait Jeanne Darc, c'est ce qu'elle demandait avec instance ; mais comme toujours le roi compromettait sa cause par de lenteurs désespérantes. A la vue de ce mauvais vouloir, Jeanne un jour s'écria : « Plût à Dieu que je pusse maintenant partir, abandonner les armes et retourner près de mes père et mère, garder leur brebis et bétail avec ma sœur et mes frères qui tant se réjouiraient de me voir. » C'est la première plainte qui sort de sa bouche. Quelle amertume dans ces paroles ! Elle sent le fardeau devenir chaque jour de plus en plus lourd, elle prévoit qu'elle succombera, pauvre jeune fille ! sous le poids des haines et de la malice humaines.

Elle eut bien du mal à décider le roi à partir avec l'armée pour conquérir le reste du royaume que l'Anglais occupait encore. L'armée française put entrer sans difficulté dans les villes de Laon, Soissons, Senlis, St-Denis, qui n'opposèrent guère de résistance. Mais quand on arriva devant Paris, il fallut en faire le siège. Les Anglais s'étaient réfugiés en grande partie dans cette ville, l'avaient fortifiée ; et, renfermés derrière de solides murailles, ils se disposaient à faire une résistance désespérée.

Ce jour là la grande ville commit une faute de lèse-patrie : les parisiens, qui avaient jadis repoussé si vaillamment l'invasion des hommes du Nord, avaient reçu cette fois les ennemis de la France et ils allaient combattre à côté d'eux. C'est une tâche dans l'histoire de notre capitale. Il faut dire cependant, pour être juste, qu'inférieurs en nombre ils avaient dû céder devant une armée considérable et de beaucoup supérieure aux milices bourgeoises.

On commença le siège, et Jeanne qui était toujours la première au combat, franchit seule un fossé, mais elle fut frappée à la jambe d'un trait lancé par l'ennemi, et elle ne fut sauvée qu'avec peine.

Charles VII, désespéré par l'insuccès de la première attaque, s'en retourna à Chinon vers les plaisirs et la mollesse. En même temps le duc de Bourgogne avec les Anglais vint faire le siège de Compiègne. Jeanne se jeta aussitôt dans la ville avec ses troupes ; et le premier jour, avec l'ardeur et l'intrépidité dont elle était animée, elle commença la défense. Elle fit même une sortie contre les Anglais ; cernée tout-à-coup par ceux-ci, elle voulut rentrer précipitamment dans la ville, mais elle en trouva la porte fermée. Les assiégeants ne voulurent pas ouvrir. Entourée d'ennemis de tous côtés, elle fut bientôt prise. Ce fut un français au service des anglais, un soldat originaire de l'Artois, qui la renversa de son cheval. Elle fut ensuite conduite devant le duc de Bourgogne, encore un français au service de l'Angleterre, qui la constitua sa prisonnière.

◆

XI.

LES NOUVEAUX JUDAS.

Dès lors, l'infortunée Jeanne Darc allait gravir la route pénible du martyre. Cet homme qui avait livré sa patrie aux anglais, devait leur vendre la glorieuse libératrice de la France.

La nouvelle de la capture de Jeanne Darc trouva la Cour insensible. On n'est pas loin de la vérité en disant qu'elle y fut accueillie avec une certaine joie. Le chancelier annonça aussitôt l'évènement à Rouen dans une lettre où il dit : « Dieu a souffert prendre la Pucelle, parce qu'elle s'est constituée en orgueil, et pour les riches habits qu'elle a pris, et qu'elle a fait sa volonté au lieu de faire la volonté de Dieu. » Or ce Dieu dont il est ici parlé n'est autre que la Trémouille.

Le clergé de son côté réclame aussitôt la grande victime, non pour la sauver, pour la glorifier, mais pour la faire périr.......

Les infâmes prélats, dont toute la bravoure consistait à brûler une femme, écrivirent aussitôt (le vingt-six mai) une lettre dans laquelle le vicaire-général du grand inquisiteur de France supplie le duc de Bourgogne et au besoin « lui ordonne, sur les peines du droit, d'envoyer prisonnière à lui, vicaire-général, certaine femme nommée Jeanne que les adversaires de ce royaume nomment la Pucelle, soupçonnée véhémentement de plusieurs crimes sentant hérésie, pour ester à droit, pardevant le promoteur de la sainte Inquisition, répondre et procéder comme raison devra, en bons conseils, faveur et aide des bons docteurs et maîtres de l'Université de Paris. » Voilà déjà la meute qui accourt à la curée.

« Tous ces sophistes scolastiques ont vu avec rage une femme relever, au nom du ciel, la cause qu'ils avaient cru perdue, qu'ils avaient condamnée comme telle, et ils ont soif de venger sur cette femme leur infaillibilité compromise en établissant judiciairement que tout ce qui ne vient pas d'eux vient de l'enfer. » H. Martin.

Pour mettre à exécution leur horrible dessein, les inquisiteurs crurent trouver de zélés complices chez les Anglais. Ceux-ci acceptèrent et confièrent leurs plans à un évêque de Beauvais, nommé Pierre Cauchon, homme sans conscience et sans pudeur, un de ces gens qu'on achète à prix d'argent pour commettre les actes les plus exécrables, vils instruments des colères et des haines des puissants. Ce monstre était un des plus habiles suppôts de l'inquisition.

Les inquisiteurs cependant ne recevant pas de réponse du duc de Bourgogne, lui signifièrent de leur livrer cette femme qui avait introduit «en ce royaume, idolâtries, erreurs, mauvaises doctrines et autres maux innumérables. »

Le duc de Bourgogne refusant d'obéir, l'évêque Cauchon eut recours à un autre procédé; il imagina de faire acheter Jeanne par le roi d'Angleterre. Cette fois le duc de Bourgogne céda; le marché fut conclu, et Jeanne vendue aux anglais par un français pour 10,000 livres.

Mais il restait à payer : rien de plus facile à cette époque. N'y avait-il pas dans les villes et les campagnes un peuple uniquement destiné à payer pour la rançon du seigneur, pour la rançon du roi, pour les frais de la guerre, pour les dépenses de la paix, pour les plaisirs de la Cour, pour le mariage de la fille du seigneur, ou l'armure de son fils, pour tout enfin ; car alors c'était le peuple qui payait toujours et partout, sans jamais recevoir ; qui travaillait enfin pour nourrir le seigneur et sa famille, pour payer les plaisirs de ses maîtres. Le duc de Bedford ayant donc rassemblé ses sujets en Normandie, les contraignit à payer les 10,000 livres qui furent données aux anglais. Le sang de Jeanne Darc fut aussi vendu avec l'argent de la France.

◆

XII.

OU LE DRAME COMMENCE.

Elle était alors emprisonnée à Compiègne. Apprenant qu'elle venait d'être vendue aux Anglais, elle voulut se sauver de sa prison et se jeta par la fenêtre du donjon où elle était enfermée..... Le lendemain, les gardiens la trouvèrent évanouie aux pieds des murailles et la renfermèrent. Par un

hasard prodigieux, elle ne s'était fait aucune blessure dans sa chûte. Elle fut alors
transportée à Arras, puis au Crotoy, de là
à Saint-Valery, à Dieppe, et enfin à Rouen
où on la jeta en prison. Elle n'en devait
plus sortir que pour monter sur le bûcher.

Le 3 janvier 1431, le roi d'Angleterre
Henri VI donna l'ordre de remettre Jeanne
au pouvoir de l'évêque Cauchon.

Elle fut enfermée à Rouen dans une sorte de forteresse. La tour qui lui servit de
prison existe encore, et une souscription
publique a été ouverte récemment dans
toute la France pour acheter ce monument
qui nous rappelle à la fois de si glorieux et
de si tristes souvenirs, et pour en faire un
monument national. (*) Ce sera désormais
un lieu de pélerinage où se rendront tous
les Français qui voudront connaître les lieux
illustrés par la libératrice de la France.
Nous devions cette réparation à l'injustice
de nos ancêtres, à la lâcheté de ceux qui
ont laissé périr avec indifférence, que dis-je,
qui ont vendu à l'ennemi celle qui les avait
sauvés.

Dans cette tour « on avait fait construire
tout exprès une cage de fer ; jour et nuit

____

(*) La commission a racheté cette tour moyennant
60,000 fr. aux religieuses qui la possédaient.

elle était gardée à vue par plusieurs soldats anglais. De plus, la nuit, on l'enchaînait sur son lit par des chaînes assujettissant le cou, les mains et les pieds. » (Frédéric Lock)

XIII.

LA CONFESSION.

Avant de commencer la procédure, on fit encore visiter Jeanne Darc pour s'assurer de sa chasteté, car ses ennemis prétendaient qu'elle était souillée et corrompue. Plusieurs dames de la Cour furent chargées de cette visite qui n'aboutit qu'à prouver de nouveau la vertu incorruptible de Jeanne. On raconte que pendant cette inspection, le duc de Bedford était caché derrière une tapisserie, et que jusqu'à la fin ce vieux débauché satisfit ses infâmes désirs par la vue de cet examen qui ne réveillait en son âme rien autre chose que de basses passions. Ces honteuses recherches n'ayant pas réussi comme on le désirait, on employa alors contre Jeanne Darc les moyens fallacieux conseillés par les règles de la très-sainte inquisition à l'égard des héritiques : « Que nul n'approche l'héritique, si ce n'est de temps à autre, deux fidèles adroits qui l'avertissent avec précaution, et comme s'ils avaient compassion de lui, de se garantir de la mort en confessant ses erreurs, et qui lui promettent que s'il le fait, il pourra échapper au supplice du feu. » Pour jouer cette ignoble comédie, Cauchon fit choix d'un prêtre habile, chanoine de Rouen, Nicolas Loiseleur. Celui-ci se donna à la malheureuse prisonnière comme un pauvre français, captif comme elle, persécuté comme elle, et à force d'habileté, il arriva à lui arracher tous les secrets qu'elle avait sur ses voix. Puis, lui dévoilant son état de prêtre, pour augmenter sa confiance, il offrit de la confesser. Jeanne raconta sans détour tout ce qui concernait sa mission, en un mot tout ce qu'elle avait fait et tout ce qu'elle savait. En même temps Cauchon était caché dans une salle contiguë à sa cellule et écoutait tous ces aveux, et deux notaires assis près de lui écrivaient toutes les dépositions qu'elle croyait faire au tribunal de la pénitence à un représentant de Dieu et sous le sceau inviolable de la confession. Cependant les notaires, plus honorables et plus honnêtes que les deux prêtres, voyant le rôle hideux qu'on voulait leur faire jouer, refusèrent de transcrire ces aveux arrachés par la ruse.

XIV.

LA VICTIME DEVANT LES BOURREAUX.

Après les précautions inquisitoriales, l'évêque Cauchon fit procéder aux interrogatoires solennels de la victime. Le premier eut lieu dans la chapelle du château de Rouen, où Jeanne était enfermée, le 21 février 1431, en présence de plus de quarante docteurs, licenciés, bâcheliers en théologie, en droit canon, en droit civil de toute la Normandie.

« Alors, dit Henri Martin, commença ce procès qui n'avait pas eu son semblable au monde depuis celui qui s'éleva sur le calvaire. Quand on parcourt les actes décolorés, affaiblis par la plume timide des scribes, le cœur se serre d'une insurmontable émotion, la main tremble à feuilleter ces pages jaunies, les yeux s'emplissent de larmes d'admiration. Que serait-ce si l'on avait les actes du martyre de la Pucelle, écrits par un témoin pénétré de sa pensée, imbu de sa mission ; si ses gestes, son accent, les mouvements de son âme. l'aspect général des débats, eussent pu être observés et recueillis ; si l'on avait la vie à la place de l'aride formule officielle de la lettre-morte!... A travers l'informe rédaction des notaires, la lourde latinité des traducteurs et les souvenirs des témoins qui, vingt ans plus tard, vinrent révéler dans le procès de révision tant d'affreux mystères, on entrevoit cette morne nef où s'élève l'image de Jésus crucifié, comme pour essuyer une seconde fois les outrages des Pharisiens. Ces bancs pleins de sombres et sèches figures où se personnifient les mauvaises passions du prêtre au jour de décadence, où l'avidité, la servilité violente des uns s'associent à l'implacable orgueil des autres, à l'austérité sans entrailles, pire que le vice même, à la froide cruauté du sophiste au cœur de pierre, qui s'est fait un Dieu à son image. Parmi ces odieux visages, des faces ternes et indécises, types de la faiblesse qui hait la violence, tremble devant les violents et se fait complice de peur d'être victime ; çà et là quelques physionomies honnêtes et loyales, où se lit le combat du cœur qui se révolte contre les préjugés qui poussent ; autour de la chapelle, enfin sous l'arceau des portes, derrière les verrières des croisées, les armes reluisantes et les visages féroces des soldats étrangers qui menacent l'accusée et parfois le tribunal même. »

C'est en présence de tels hommes que fut amenée Jeanne, pâle, affaiblie, accablée par la douleur et les tourments ; car ses gardiens qui la surveillaient et le jour et la nuit, qui ne la quittaient pas un moment des yeux, avaient ordre de ne pas la laisser sommeiller. Souvent la nuit ils l'accablaient d'injures, vomissaient en sa présence les blasphêmes et les propos les plus infâmes. Parfois même ils essayaient de lui faire violence et de se livrer sur elle à des actes de la plus hideuse obscénité. On l'avait fait sortir ce jour-là de sa cage et on l'avait momentanément délivrée de ses trois paires de fers pour la traîner devant le tribunal. Elle dut subir ainsi seize longs interrogatoires.

Nous ne reproduirons pas ces interrogatoires dans lesquels les pièges, les subtilités de tous ces docteurs furent impuissants à trahir l'innocence de notre héroïne. Elle sut, par la simplicité de ses réponses, réduire à néant les fallacieux arguments de tous ces théologiens acharnés à sa perte.

Nous en reproduisons cependant quelques passages importants :

— Savez-vous si vous êtes en état de grâce ? — (C'était une question des plus délicates. Si elle répondait oui, elle pouvait être avec raison accusée de présomption.

Dans le cas contraire, c'était une pêcheres-se, elle était l'amie de Satan, l'envoyée du diable; c'est ce qu'on voulait l'amener à dire.)—C'est une grave question, dit un des théologiens, à laquelle l'accusée n'est pas tenue de répondre. — Vous feriez mieux de vous taire, s'écria l'évêque Cauchon, et il renouvela la demande. Voici quelle fut la réponse de Jeanne: Si je n'y suis pas, Dieu veuille m'y mettre; si j'y suis, Dieu veuille m'y maintenir. Par ces simples paroles elle échappait à un grand piège.

Avez-vous vu saint Michel et les anges réellement et corporellement? — Je les ai vus des yeux de mon corps, aussi bien que je vous vois; quand ils me quittaient je pleurais, et j'aurais voulu qu'ils m'eussent emportée avec eux. — Comment savez-vous si vous voyez un homme ou une femme.— A la voix et parce qu'elles me l'ont révélé. Je ne sais rien que par révélation et ordre de Dieu. — Est-ce par en bas ou par en haut que vous avez embrassé les saintes? — J'aime mieux les accoler par le haut que par le bas. — Saint Michel était-il nu? — Croyez-vous que Notre-Seigneur n'ait pas de quoi le vêtir?

Ne savez-vous pas que sainte Catherine et sainte Marguerite haïssent les Anglais? — Elles aiment ce que Notre-Seigneur aime et haïssent ce que Dieu hait. — Dieu hait-il les Anglais? — De l'amour ou de la haine de Dieu pour les Anglais je ne sais rien, mais fussent-ils cent mille goddems de plus, je sais bien qu'ils seront chassés du royaume de France, excepté ceux qui y mourront, et que Dieu enverra victoire aux Français contre les Anglais.

N'avez-vous pas mal agi en partant malgré la volonté de vos parents. — Sur toute autre chose je leur ai obéi ; depuis, ils m'ont pardonnée. — Croyiez-vous pécher en les quittant? — Puisque Dieu commandait, il fallait le faire. Quand j'aurais eu cent pères et cent mères, quand j'aurais été fille de roi, je serais partie. »

Pour prouver qu'elle était une sorcière, il fallait insinuer qu'elle attribuait un pouvoir magique à son étendard.

« Votre étendard était-il heureux ? N'avez-vous pas dit que les panonceaux faits à la ressemblance du vôtre étaient favorisés? — Je ne sais, je disais à mes gens : entrez hardiment dans les rangs des Anglais ! et j'y entrais moi-même. — Mais pourquoi cet étendard fut-il porté dans l'église de Reims au sacre ? — Il avait été à la peine, c'était bien raison qu'il fût à l'honneur. »

Un des chefs de l'accusation, c'était l'habit d'homme qu'elle portait pour se défendre contre les attaques impures des soldats dont elle était entourée. Cauchon feignait de ne pas comprendre cette précaution, seule sauvegarde de sa chasteté. « Quand je serai entre les hommes étant en habit d'homme, avait-elle dit à Poitiers, ils n'auront pas concupiscence de moi, et me semble qu'en cet état, je conserverai mieux ma virginité de pensée et de fait. » Elle ne refusait pas d'ailleurs de revêtir des habits de femme, pourvu que ce fût « une longue houppelande comme pour la fille d'un bourgeois, » car ainsi elle eut été à l'abri de toute violence obscène de la part des soldats.

Après tous ces interrogatoires, les juges rédigèrent douze articles contenant les principaux chefs d'accusation contre Jeanne. Ils établirent que ses révélations n'étaient pas de Dieu, mais fictions humainement inventées ou œuvre du malin esprit; qu'elle y avait cru sans signes suffisants ; qu'il y avait dans son fait des mensonges, des devinations superstitieuses; qu'elle était schismatique touchant l'unité, autorité et puissance de l'Eglise et véhémentement suspecte d'hérésie.

Cependant, Jeanne faillit échapper à ses persécuteurs, car elle tomba malade dans la prison. Ses ennemis craignaient fort qu'elle n'en mourut, car ils auraient alors été privés du plaisir de la brûler vive, ils n'auraient pu jeter au feu qu'un cadavre. « Pour rien au monde, disait le gardien de la tour, le roi ne voudrait qu'elle mourut de sa mort naturelle. Il l'a achetée assez cher pour vouloir qu'elle soit brûlée ; qu'on la guérisse au plus vite. » A peine Jeanne fut-elle rétablie que l'on continua le procès. — Les évêques de Coutances et de Lisieux approuvèrent les douze articles « car la basse condition » de cette fille était une preuve suffisante de la fausseté de ses révélations. Cauchon, avec plusieurs autres assesseurs, commença à lui faire les monitions prescrites par l'Inquisition, et il vint de nouveau l'interroger en prison, mais il ne put lui faire renier sa mission. « Si je voyais le feu, dit-elle, je dirais ce que je vous dis, et n'en ferais autre chose. »

XV.

LA TORTURE.

On la menaça des horribles tourments de la torture. On apporta même les instruments, les chevalets, pour l'écarteler, les crocs pour lui déchirer les membres, les fers et les tenailles pour lui briser les os : rien ne put l'ébranler. En présence des instruments de torture : « Vraiment, dit-elle, si vous deviez me démembrer et faire partir l'âme hors du corps, si ne vous dirai-je autre chose » Puis elle ajouta : « Quant à mes faits et mes dits, je m'y rapporte et m'y veux maintenir. — Croyez-vous n'être pas tenue de soumettre vos faits et dits à l'Eglise militante ou à autre qu'à Dieu ? — La manière que j'ai toujours dite et tenue au procès, je la veux maintenir. Si j'étais en jugement et voyais le feu allumé, et les bourres allumées, et le bourreau prêt à mettre le feu ; si j'étais dans le feu, je ne dirais rien autre chose et soutiendrais ce que j'ai dit au procès jusqu'à la mort. »

Enfin une dernière monition lui fut adressée en présence du cardinal d'Angleterre, des évêques de Térouanne, de Noyon, de Norwich, etc, après quoi on lui fit signer une fausse abjuration substituée rapidement à celle qu'on venait de lui lire.

J'emprunte cette belle page à Lamartine:

« On arracha Jeanne toute malade et tout affaiblie de corps de la froide prison où elle languissait depuis quatre mois pour la torturer en public dans son âme. On avait dressé deux échafauds dans le cimetière de Saint-Ouen, devant la basilique de ce nom. Le cardinal de Winchester, Cauchon, les juges, le clergé, étaient assis sur cet échafaud. Jeanne, la chaîne aux pieds et aux mains, attachée à un poteau par une ceinture de fer, entourée de tabellions prêts à enregistrer ses paroles, et des ministres de la torture armés de leurs instruments de douleur, prêts à lui arracher les faiblesses ou les cris de la nature, le bourreau avec sa charrette sous ses yeux, prêt à emporter son cadavre mutilé, étaient en face de cet autre échafaud.

Un peuple immense, superstitieux, frappé de cet appareil, partagé entre le respect pour les autorités civiles et religieuses, la crainte de l'étranger, l'horreur de cette prétendue magicienne, et la pitié pour cette jeune fille dont la beauté éclatait plus touchante sous l'ombre de la mort, frémissait dans la place et sur les toits. Un prédicateur célèbre du temps, Guillaume Evrard, apostrophait Jeanne Darc, et s'efforçait de la ramener à un désaveu de ses erreurs et à la soumission complète à ce que l'Eglise déciderait des droits des deux compétiteurs.... — Puis l'évêque lui lut un modèle de rétractation à laquelle on la conjurait de se conformer : « Je veux bien me soumettre au pape, dit Jeanne. — Le pape est trop loin, dit l'évêque. — Eh bien, qu'elle soit brûlée! » cria le prédicateur.

Les huissiers, les bourreaux, le peuple qui l'entouraient, la conjuraient de signer un acte dressé de soumission à l'Église qui n'était qu'une rétractation de ses ignorances devant Dieu, sans rien désavouer de sa cause et de ses sentiments devant les hommes. « Eh bien, je signerai, dit-elle. »

À ces mots, une grande clameur de soulagement s'éleva dans la foule L'évêque de Beauvais demanda à Winchester ce qu'il devait faire : « Il faut, dit l'Anglais, l'admettre à la pénitence. » C'était lui octroyer la vie. Pendant que les courtisans de Winchester se querellaient avec l'évêque de Beauvais sur l'échafaud, prétendant qu'il avait favorisé l'accusée, et pendant que l'évêque le démentait avec colère, un secrétaire s'approcha de Jeanne et lui présenta la plume pour signer la rétractation, qu'elle ne pouvait lire La pauvre fille rougit et sourit à sa propre ignorance, en roulant gauchement la plume dans ses doigts qui maniaient si bien l'épée. Elle traça, sous la direction de l'huissier, un rond et au milieu une croix, signature symbolique de son martyre. Puis on lui lut sa sentence de grâce qui la condamnait à passer le reste de sa vie en prison, *pour y déplorer ses péchés au pain de douleur et à l'eau d'angoisse.* »

XVI.

LE CRIME DE JEANNE.

En même temps, l'Eglise lui ordonnait de prendre des habits de femme, lui déclarant que si elle retombait dans son erreur, on la condamnerait définitivement comme relapse. Mais tout cela ne faisait pas l'affaire des Anglais qui voyaient la victime leur échapper, puisque Jeanne n'était condamnée qu'à la prison. Ils vomissaient des injures contre l'évêque Cauchon et se préparaient à lui jeter des pierres. Celui-ci les apaisa par ces seuls mots : « Soyez tranquilles, nous la retrouverons bien d'une autre façon.» En effet, pendant la nuit, on lui enleva ses habits de femme et on ne lui laissa que des habits d'homme. A son réveil, n'en trouvant pas d'autres, elle fut bien contrainte de les revêtir. C'est tout ce que demandaient ses ennemis. C'était un nouveau crime. Ce fut à l'aide de ce misérable subterfuge qu'on allait la perdre.

> Rien que la mort n'était capable
> D'expier son forfait. On le lui fit bien voir.

Le lendemain, Cauchon annonce le nouveau crime de la Pucelle aux quarante docteurs en théologie qui composaient le tribunal. A l'unanimité, moins un seul, ils la déclarent hérétique et relapse, et la livrent à la justice séculière pour être mise à mort. . Bientôt un confesseur, envoyé par l'évêque, vint lui annoncer son prochain supplice : c'était le 31 mai 1341.

Ici je laisse parler M. Michelet qui, dans son *Histoire de France*, a raconté d'une manière touchante les derniers moments de Jeanne Darc :

« Quand il annonça à la pauvre femme la mort dont elle devait mourir, ce jour-là elle commença à s'écrier douloureusement, se détendre et arracher les cheveux : « Hélas ! me traite-t-on ainsi horriblement et cruellement qu'il faille que mon corps, net et entier, qui ne fut jamais corrompu, soit aujourd'hui consumé et rendu en cendres ! Eh ! ah ! j'aimerais mieux être décapitée sept fois que d'être ainsi brûlée !... Oh ! j'en appelle à Dieu, le grand juge des ingravances et des torts qu'on me fait... » Il était neuf heures, elle fut revêtue d'habits de femme et mise sur un chariot...

Jusque là, la Pucelle n'avait jamais désespérée... Tout en disant, comme elle le dit
parfois : « Ces Anglais me feront mourir »
au fond elle n'y croyait pas. Elle ne s'ima-
ginait point que jamais elle put être abandonnée. Elle avait foi dans son roi, dans le
bon peuple de France. Elle avait dit expressément : « Il y aura en prison ou au
jugement quelque trouble par quoi je serai
délivrée... délivrée à grande victoire... »
Mais, quand le roi et le peuple lui auraient
manqué, elle avait un autre recours, tout
autrement puissant et certain, celui de
ses amis d'en haut, des bonnes et chères
saintes...

Quelles furent donc ses pensées, lorsqu'elle vit que vraiment il fallait mourir;
lorsque, montée sur la charette, elle s'en
allait à travers une foule tremblante, sous
la garde de 800 anglais armés de lances et
d'épées. Elle pleurait et se lamentait, n'ac-
cusant toutefois ni son roi ni ses saintes...
Il ne lui échappait qu'un mot : O Rouen !
Rouen ! dois-je donc mourir ici.

* * *

XVII.

JEANNE SUR LE BUCHER.

Le terme du triste voyage était le vieux-marché, le marché au poisson. Trois échafauds avaient été dressés. Sur l'un était la chaire épiscopale et royale, le trône du cardinal d'Angleterre, parmi les sièges de ces prélats, sur l'autre devaient figurer les personnages du lugubre drame, le prédicateur, les juges et le bailli ; enfin la condamnée. On voyait à part un grand échafaud de plâtre, chargé et surchargé de bois; on n'avait rien épargné au bûcher, il effrayait par sa hauteur. Ce n'était pas seulement pour rendre l'exécution plus solennelle : il y avait une intention, c'était afin que, le bûcher étant ainsi bien échafaudé, le bourreau n'y atteignit que par en bas, pour allumer seulement, qu'ainsi il ne put abréger le supplice, ni expédier la patiente, comme il faisait des autres, leur faisant grâce de la flamme. Ici, il ne s'agissait pas de frauder la justice, de donner au feu un corps mort; on voulait qu'elle fut bien réellement brûlée vive ; que, placée au sommet de cette montagne de bois, et dominant le cercle des lances et des épées, elle put être observée de toute la place. Lentement, longuement brûlée, sous les yeux d'une foule curieuse, il y avait lieu de croire qu'à la fin elle laisserait surprendre quelque faiblesse, qu'il lui échapperait quelque chose qu'on put donner pour un lésaveu, tout au moins des mots confus qu'on pourrait interpréter, peut-être de basses prières, d'humiliants cris de grâce, comme d'une femme éperdue...

L'effroyable cérémonie commença par un sermon. Maître Nicolas Midy, une des lumières de l'Université de Paris, prêcha sur ce texte édifiant : « Quand un membre de l'Eglise est malade, toute l'Eglise est malade. » Cette pauvre Eglise ne pouvait guérir qu'en se coupant un membre. Il concluait par la formule : « Jeanne, allez en paix, l'Eglise ne peut plus vous défendre. »

Alors le juge d'Eglise, l'évêque de Beauvais, l'exhorta bénignement à s'occuper de son âme et à se rappeler tous ses méfaits, pour s'exciter à la contrition. Les assesseurs avaient jugé qu'il était de droit de lui relire son abjuration ; l'évêque n'en fit rien. Il craignait des démentis, des réclamations. Mais la pauvre fille ne songeait guère à chicaner ainsi sur sa vie ; elle avait bien d'autres pensées. Avant même qu'on l'eut exhortée à la contrition, elle s'était mise à genoux, invoquant Dieu, la Vierge, saint Michel et sainte Catherine, pardonnant à tous et demandant pardon, disant aux assistants : « Priez pour moi !... » Elle requérait surtout les prêtres de dire chacun une messe pour son âme. Tout cela de façon si dévote, si humble et si touchante, que, l'émotion gagnant, personne ne put se contenir. L'évêque de Beauvais se mit à pleurer, celui de Boulogne sanglotait, et voilà que les Anglais eux-mêmes pleuraient et larmoyaient aussi, Winchester comme les autres. .

Cependant les juges, un moment décontenancés, s'étaient remis et raffermis; l'évêque de Beauvais, s'essuyant les yeux, se mit à lire la condamnation. Il remémora à la coupable tous ses crimes, schisme, idolâtrie, invocations de démons, comment elle avait été admise à la pénitence, et comment, « séduite par le prince du mensonge, elle était retombée, ô douleur ! *comme le chien qui retourne à son vomissement...* Donc, nous prononçons que vous êtes un membre pourri, et comme tel, retranché de l'Eglise. Nous vous livrons à la puissance séculière ...»

Délaissée ainsi de l'Eglise, elle se remit en toute confiance à Dieu. Elle demanda la croix. Un Anglais lui passa une croix de bois, qu'il fit d'un bâton ; elle ne la reçut pas moins dévotement, elle la baisa et la mit, cette rude croix, sous ses vêtements et sur sa chair.... Mais elle aurait voulu la croix de l'Eglise pour la tenir devant ses yeux jusqu'à la mort. Le bon huissier Massieu et frère Isambart firent tant, qu'on la lui apporta de la paroisse de Saint-Sauveur. Comme elle embrassait cette croix, et que Isambart l'encourageait, les Anglais commencèrent à trouver cela bien long : il devait être au moins midi ; les soldats grondaient, les capitaines disaient : « Comment, prêtres, nous ferez-vous dîner ici ?.. » Alors, perdant patience, et n'attendant pas l'ordre du bailli, qui seul pourtant avait autorité pour l'envoyer à la mort, ils firent monter deux sergents pour la tirer des mains des prêtres. Au pied du tribunal, elle fut saisie par des hommes d'armes qui la traînèrent au bourreau, lui disant : « Fais ton office. » Cette furie de soldats fit horreur ; plusieurs des assistants, des juges même, s'enfuirent pour n'en pas voir davantage.

Quand elle se trouva en bas dans la Place, entre ces Anglais qui portaient les mains sur elle, la nature pâlit et la chair se troubla ; elle cria de nouveau : « O Rouen, tu seras donc ma dernière demeure !... » Elle n'en dit pas plus et *ne pécha pas par les lèvres*, dans ce moment même d'effroi et de trouble.... Elle n'accusa ni son roi ni ses saintes. Mais, parvenue au haut du bûcher, voyant cette grande ville, cette foule immense et silencieuse, elle ne put s'empêcher de dire : « Ah ! Rouen, Rouen, j'ai grand peur que tu n'aies à souffrir de ma mort .. »

Elle fut liée sous l'écriteau infâme, mîtrée d'une mître où on lisait : « hérétique, relapse, apostate, idolâtre... » Et alors le bourreau mit le feu Elle le vit d'en haut et poussa un cri... Puis comme le frère qui l'exhortait ne faisait pas attention à la flamme, elle eut peur pour lui, s'oubliant elle-même, et elle le fit descendre.

Ce qui prouve bien que jusque là elle n'avait rien rétracté expressément, c'est que ce malheureux Cauchon fut obligé (sans doute par la haute volonté satanique qui présidait), à venir au pied du bûcher, obligé à affronter de près la face de la victime, pour essayer d'en tirer quelque parole. ... Il n'en obtint qu'une, désespérante. Elle lui dit avec douceur ce qu'elle avait déjà dit : « Evêque, je meurs par vous... » On avait espéré sans doute que se voyant abandonnée de son roi, elle l'accuserait enfin et parlerait contre lui. Elle le défendit encore : « Que j'aie bien fait, que j'aie mal fait, mon roi n'y est pour rien ; ce n'est pas lui qui m'a conseillée. »

Cependant la flamme montait .. Au moment où elle toucha, la malheureuse frémit et demanda *de l'eau* bénite ; *de l'eau*, c'était apparemment le cri de la frayeur...

Mais, se relevant aussitôt, elle ne nomma plus que Dieu, que ses anges et ses saintes. Elle leur rendit témoignage : « Oui, mes voix étaient de Dieu, mes voix ne m'ont pas trompée ! .. »

Vingt ans après, les témoins de sa mort déposèrent tout ceci : « Nous l'entendions, disent-ils, dans le feu, invoquer ses saintes, son archange ; elle répétait le nom du Sauveur.... Enfin, laissant tomber sa tête, elle poussa un grand cri : Jésus !.

Dix mille hommes pleuraient.. Quelques Anglais seuls riaient ou tachaient de rire. Un d'eux, des plus furieux, avait juré de mettre un fagot au bûcher ; elle expirait au moment où il le mit, il se trouva mal ; ses camarades le menèrent à une taverne pour le faire boire et reprendre ses esprits ; mais il ne pouvait se remettre : « J'ai vu, disait-il hors de lui-même, j'ai vu de sa bouche, avec le dernier soupir, s'envoler une colombe. » D'autres avaient lu dans les flammes le mot qu'elle répétait : «Jésus!» Le bourreau alla le soir trouver frère Isambart ; il était tout épouvanté ; il se confessa, mais il ne pouvait croire que Dieu lui pardonnât jamais ... Un secrétaire du roi d'Angleterre disait tout haut en revenant : « Nous sommes perdus ; nous avons brûlé une sainte. » (*Hist. de France* t. v. p. 166-176)

Quant à l'infâme évêque Cauchon, il était content, ses vœux étaient satisfaits, sa passion assouvie ; il étouffait de joie. Il éprouvait une grande jouissance à voir brûler cette hérétique, cette sorcière, comme il appelait la pauvre Jeanne. Exemple frappant des bouleversements produits dans la conscience par le fanatisme religieux !

Lorsque les flammes furent éteintes, le cardinal Winchester fit jeter les cendres de Jeanne dans la Seine, de peur que le peuple n'en fît des reliques. Ainsi, il ne nous reste plus rien d'elle, rien..... que le souvenir de ses exploits et la France délivrée.

Quand on songe à cette vie si courte et cependant illustrée par tant de belles actions, on éprouve à la fois un sentiment d'admiration et une profonde douleur Le cœur saigne au souvenir de la triste destinée de cette jeune fille dont le dévouement sublime ne fut récompensé que par un affreux supplice.

Puissiez-vous, en fermant ce livre, répéter cette belle parole qu'on ne saurait rappeler trop souvent: «Oui, la France n'a qu'une sainte, et cette sainte c'est JEANNE DARC !»

— —

MONTREUIL-SUR-MER
Imprimerie de Jules DUVAL, Grande Rue, 88.

Pour recevoir JEANNE DARC, son procès, sa vie, sa
mort, envoyez 80 centimes à M. Jules Duval, imprimeur
à Montreuil-sur-Mer (Pas-de-Calais).

PUBLICATIONS RECOMMANDÉES

La Famille. — Splendide revue illustrée, destinée à ré-
pandre les grands principes moraux. — 6 fr. par
[...] rue Lacroix, Batignolles-Paris.

[...] Conscience. — Revue philos. — [...], rue Royer-
[...], Paris.

Le Journal pour Toutes. — Organe des intérêts des
femmes. — 3 mois : 3 fr. 75. — 46, rue de la Victoi-
[...]

[...] illustrés. — 39 [...], rue de la Fontaine-
[...]

La Tribune Universelle. — Journal de la libre conscience et de la libre pensée. — 6 mois : 4 fr. 50. —
[...] de la Charité, à Lyon.

[...] Avenir de Paris. — [...] rue St-Benoît, Paris.

[...] des théâtres. — 17, rue de la Banque, Paris.

La Pensée Nouvelle. — Revue heb. — 3 mois : 1 fr. 75.
[...] rue [...], Paris.

L'[...] Revue hed. — 3 mois [...] — Rue des
[...], Paris.

Le [...]. — Journal des princ[...] — 11, rue des
[...]

La V[...]. — Rev. philos. [...]

La Revue [...]. — Revue [...] — 3 mois :
[...] abonne[...]

[...]nique. — Rue [...] la Fontaine —

[...] : Gasparini.

www.ingramcontent.com/pod-product-compliance
Lightning Source LLC
Chambersburg PA
CBHW051235030726
47595CB00003B/933